AF449743

NOCHES DE LLUVIA

RAINY NIGHTS

ExLibric

GUADALUPE CISNEROS VILLA

NOCHES DE LLUVIA
RAINY NIGHTS

EXLIBRIC

ANTEQUERA 2023

NOCHES DE LLUVIA

Agradecimientos

Agradezco al arquitecto y poeta nicaragüense, Danilo López, quien me regaló la edición de mi primer libro de poesía y me abrió paso al mundo de la escritura.

También no puedo pasar por alto a las personas que han estado compartiendo sus conocimientos y apoyo: al licenciado Raymundo Escobedo Luna (México), al poeta Alaric Guadalupe Gutiérrez Perea (México), al maestro José Luis Ortiz Berenguer (España) y al poeta Manuel Bast (Venezuela).

A José María Ysmer Palazuelos, por su incansable labor y apoyo en el desarrollo de este libro y escribir el prólogo.

Gracias a todas las personas que me leen en las redes sociales y foros de poesía.

Prólogo

Se querían.
Sufrían por la luz, labios azules en la madrugada,
labios saliendo de la noche dura,
labios partidos, sangre, ¿sangre dónde?
Se querían en un lecho navío,
mitad noche, mitad luz.

Con estos versos del poema «Se querían», del libro *La destrucción o el amor* de Vicente Aleixandre, quiero empezar el prólogo de este nuevo poemario de Guadalupe Cisneros Villa, *Noches de lluvia,* y lo hago así, de esta manera, porque quisiera resaltar esa mitad noche y mitad luz que tanto abunda en sus versos, esa aparente contradicción que rezuman sus palabras y que hace necesario cambiar, no excluyendo, el título del libro de Aleixandre. En el caso de Guadalupe Cisneros Villa, la destrucción no es algo que contradiga al amor, pues de alguna manera es necesario destruir el yo que fuimos antes, para AMAR de una manera completamente nueva.

La poesía de Guadalupe Cisneros Villa bebe de las luces y sombras, del grito desgarrado muchas veces y el silencio, de Alejandra Pizarnik y Gioconda Belli; sin ellas, sin la voz que nos dejaron en sus versos, la poesía de Guadalupe Cisneros Villa hubiera sido otra muy distinta. Por eso, por esa extraña similitud que nos confiere la palabra, la muerte y la oscuridad también están presentes, pero no entendidas como un final, sino como el proceso necesario para alcanzar la vida y amanecer de nuevo, no sin antes haber sufrido. Crucificada muchas veces a los pies de la luna, con miedo en la madrugada, con espinas, en un desierto con arena de plomo por donde es difícil andar, todas estas son muestras muy palpables de ese sufrimiento que vive la poeta. La poesía de Cisneros Villa tiene mucho de esa soledad de la que habla tantas veces Alejandra Pizarnik y así dice: «Vengo de una soledad que sólo es mía», palabras que recalcan aún más ese sentimiento del que desea huir, del que quiere alejarse en un diluvio de colores que empieza a conocer. Ese diluvio, esa lluvia, es para Guadalupe el renacer de nuevo, es el amor, a veces carnal, del que también habla Gioconda Belli. La lluvia es, por tanto, esa unión que establecen dos elementos, agua y tierra, dos cuerpos que se necesitan para alcanzar el verde, que suenan y huelen al estar juntos, que derraman uno sobre el otro todas sus esencias discurriendo como un río.

En los poemas de Cisneros Villa, aparece esa agua, como elemento regenerador y así dice: Te contienes en la forma del agua o, por ejemplo, sólo vive la palabra en la humedad del tiempo que se enrosca en el vientre de las noches de lluvia, o hay momentos húmedos que me hacen compañía o, más claramente, sube con la claridad al abrir los ojos las gotas de lluvia que lleva en sus palmas un nombre.

La lluvia es ese ser amado que se espera a lo largo del tiempo, de los días de la semana y de los meses del año a los que alude la autora en infinidad de ocasiones en todo el poemario. El tiempo es la espera, el deseo de ser encontrada, de que la búsqueda acabe felizmente: En el alboroto de tu cama, entre tus gritos privados, cuando te muerdes los labios por el deseo de una madrugada. Búscame cuando aún no me encuentro ni yo misma y he olvidado mi nombre. El encuentro requiere antes, como ya se ha dicho, de una destrucción, de un dejar de ser el que se era para encontrarse en el otro. Uno pierde su nombre, el de antes que ya no sirve, porque ahora la vida ha cambiado, porque al fin ha acabado la muerte. Pero a lo largo de ese proceso de cambio, de búsqueda del otro y de uno mismo, hay miedo, hablemos del miedo a las tres de la madrugada, sosteniendo pájaros entre cipreses y olivos, como dice ella; miedo a que esa deuda que nos cobra el pasado sea demasiado dura, a no poder salir de ese viejo castillo rodeada de hambre, bajo la niebla, con el aburrimiento de la noche y sus fantasmas, con la boca cosida tantas veces. Y a pesar de ese miedo, de ese temor a perder lo que más se quiere, la esperanza persiste en esa ventana con sus adornos verdes, en donde te pueda seguir mirando. Y, en esas cartas, las que cruzaron el Atlántico muchas veces en barcos sin piernas y sin embargo, al leerlas me acarician, como la primera vez. Guadalupe Cisneros Villa siente esa realidad del amor muchas veces como un sueño del que no desea despertar: Me aferro a la idea de los sueños rojos que no saben tener hijos y a sus almohadas con olor a limón. Contigo soy el rechinar de la cama, hacia el camino onírico de tus ojos, en el murmullo de las aguas. Me siento alegre en esos sueños e intento nunca despertar.

Esa nueva realidad que se vislumbra en sus poemas, tan distinta a la vivida hasta entonces, conlleva un trastorno de ideas, una inquietud del alma, una duda moribunda, una despedida aún difícil de esa vida anterior, de esa casa con sus puertas dormidas, con sus ventanas agitando pañuelos. Pero volver atrás ya es imposible; la ausencia del ser amado supone un dolor tan intenso; cuando él no está presente Guadalupe siente, la agonía del verso herido como un perro. Un vacío en el hueco de mis manos. Este desierto con arena de plomo. Esa lejanía trae a sus versos una profunda melancolía de la que solo consigue salir gracias a: un verde violento, el deseo por ir hacia el fin del mundo. Guadalupe Cisneros Villa al igual que Gioconda Belli, se enorgullece, a pesar de todo el sufrimiento y sus limitaciones, de su condición de mujer, reafirmándose en estos versos: Nací mujer. No soy mariposa, ni araña, sino una vagina y un vientre instalado en su debido lugar. No es por tanto un ser bello y frágil ni tampoco un ser dañino, es simplemente una mujer que exige poder decidir su destino por sí misma.

El poemario de Guadalupe Cisneros Villa, *Noches de lluvia*, reúne toda una amalgama de emociones, que nos hacen sentir lo que siente ella; con ese deseo enorme de afrontar los miedos que aún no desaparecen, impenetrable es mi angustia como la piedra, aquí otra vez he sido y soy la hija del viento; y vivir el amor sin cortapisas, sin ninguna culpa, libremente. El corazón habita donde la boca sabe lo que quiere que sepamos. Con estos últimos versos de la poeta termino mi prólogo. Seguid su ejemplo; id hacia el lugar donde el corazón os lleve. Feliz lectura de estas *Noches de lluvia* llenas de vida.

José María Ysmer Palazuelos

I

Te encierras
en la forma del agua,
agua que no escapa
de mis dedos.
Te presiento
en la caricia
de la noche que promete,
antes de hacer mi viaje
nocturno hacia tu pecho.
Te contienes,
se gesta la codicia
siempre que despierto
al lado de un hueco
en mi cama.

II

Si yo fuese
el eco de tu voz
sacudida por el viento,
repetida en tu lenguaje,
en el suave roce de tu lengua,
entre la hora imprecisa
de breves piececillos,
como polvo de estrellas
me quedaría enredada
en tu pelo como lienzo,
y ahí viviría escondida.

III

Ruge el mar, aquel monstruo indomable,
atrayente y fatal en unánime angustia.
Creciendo en la oscuridad, se levantan
ciertos versos ambiguos desde las sombras.

Me aburre el ruido de las memorias,
tomadas de las manos como reliquias
de la calle, pálidas y desbordantes,
como la sed que me persigue.

Daría cualquier cosa por adentrarme
hacia las locuras imposibles del ser,
del ansia sin límites, vacía y negra
en un fondo inmóvil donde todo sobra.

Veo llegar un martes zurdo, terco,
lanzado desde una rama esbelta, pobre.
Hoy, debo ser la nube que trepa
en un compás irregular y sereno.

IV

La mañana extiende su peso como aceituna
sobre mi cama, y todo es tan absurdo
como este octubre que anega mis ojos
de preguntas, de matices, de infinitas dudas
prendidas al ayer en sitios vulgares.
Vengo desde una soledad que solo es mía.
Hay apresuramiento en el diluvio de colores;
un grito trenzado, una voz con perfume
se desprende de las manos de un dios,
para abrazar un sueño que estaba por morir.
Cuántas veces he sido otro tiempo,
otra forma,
un destino crucificado a los pies de la luna.

V

Así, es la vida, como esta hora
adolescente, extraña, ineficiente.
Siento que se desgarra el pulso
de la casa porque tiembla y suspira
como un sueño que se repite breve,
triste por los pasillos extraviados.
Persigue la ilusión de la melancolía;
sin embargo, entre la noche inmensa
una voz, que es mi voz, la condena.
Me inclino hacia el azul de su reflejo
desde mis letras guillotinadas, sufro
al igual que ella en este trastorno de ideas
dentro de la inquietud del alma.
El corazón habita donde la boca
sabe lo que quiere, y atrapa el vacío del sol.
A lo lejos veo la casa con sus puertas dormidas,
sus ventanas agitando pañuelos.
Bendita sea la locura heredada del sol,
mueca de esta duda moribunda.

VI

Me inclino para ver el despertar
de mis pestañas… y veo
el color de los nombres
esculpidos en mis manos,
a los niños con antojos
y a las flores cuando descubren
el miedo, hablemos del miedo,
a las tres de la madrugada,
sosteniendo pájaros
entre cipreses y olivos
el secreto que se inventa
la memoria de cartón
que nos cobra alguna deuda
en las fotos, archivadas, del pasado
que no fue nuestro, pero
nos atormenta sin razón
con su sentencia de tristeza.
Entonces bendigo al ciego,
porque tiene la dicha de no ver
lo que no quiere, ni desea.

VII

Ir más despacio
a donde nadie lo espera,
no decir palabras
cuando el viento sopla
y los pinos escuchan
el susurro del bosque.
El arroyo agoniza
por la mirada,
por la sonrisa
de la golondrina
que duerme en las ramas.
Amargo placer
que el viento agita
y se va perdiendo
una gota peregrina,
al igual yo me pierdo
entre el plomo del cielo.

VIII

Ellas fueron las alas
en la inocencia de la primavera.
Ya no hay brisa en octubre
que agite el cuerpo
de las blancas mariposas
en el perfume de las margaritas.
Tampoco las olas del mar
son ojos del mundo.
Solo vive la palabra
en la humedad del tiempo,
que se enrosca en el vientre
de las noches de lluvia,
que se arrulla en el pecho
y cuelga hasta mis rodillas,
para morir en el placer
—en el dulce éxtasis—
del murmullo y el silencio.

IX

Se destroza un animal
con su lengua de cristal
en las faldas de las horas.
En la escritura de palabras
que no fueron mías, ni de mi cuerpo,
aparece otra vez el suspiro secreto
entre las cortinas de una escena.
Golpea mi alma esa palabra
vivida en el puño de la noche;
ese deseo que no se cumplió
hace raíces entre tus dedos,
y las haces piedras para acariciarlas
en los días de polvo.
Se destroza un animal
en el espejo cuando se cierran
los ojos de la tarde.
Me destrozo en las imágenes
de las heridas maduras
y el sabor del tiempo.

X

Es verdad, no hay nadie
tras esa fotografía
en blanco y negro.
Son miradas enterradas
en un pozo joven
recién cavado por las sombras.
No sé cómo llamar este lamento,
que invade mi cuerpo cuando pesa octubre,
cuando invento que esta felicidad existe
escrita sobre la pared,
pero ni eso puedo hacer
porque ya están escritas las palabras,
los sentimientos,
los deseos,
las lágrimas desnudas
que tú escribiste para otro suspiro
que no importa decir el nombre.
Entonces dibujo sobre el piso
la mirada del mar
en el espacio de la nostalgia,
que me sorprende.

XI

La calle siempre
tiene algo que decir,
pero trato de no escuchar sus lamentos.
La ciudad devora las casas
con ventanas de azúcar,
de ciruelas,
con tormentas y semillas.
Nací mujer.
No soy mariposa,
ni araña,
sino una vagina
y un vientre instalado
en su debido lugar.
Vuelve la incertidumbre
a circular como serpiente,
entonces detesto las palabras recicladas
en los versos de amor.
Me aferro a la idea
de los sueños rojos
que no procrean,
y a sus almohadas con olor a limón.

XII

Desde hoy,
la farsa del tiempo,
la luz trémula,
el placer y el dolor
arrastran ruedecillas
desde la espalda.
Contigo soy
el rechinar de la cama
hacia el camino onírico
de tus ojos,
en el murmullo de las aguas.
Tal vez se pueda
dar vueltas en la plaza
sin tener memoria,
sin temer el silencio
de la luz en tus hombros.
Quizás, no hay respuesta
en el filo de las cartas
y las hojas
que caen desde las ramas
en un miércoles con espinas.

XIII

Hay momentos húmedos
que me hacen compañía
y se asoman
entre las puertas y pasillos
de la casa.
No existe el mundo
en las hierbas secas
y las copas con agua azucarada.
Siento que se desgarra
la palabra
en los gritos del hombre
que frunce su frente
y extiende los brazos
agitando el viento
con sus pañuelos.
Se interrumpe mi presencia humana
parada en esta esquina,
estoy esperando
las horas de invierno
que traen la carta perdida
con todo lo que amé
del verano
enredado en un beso.

XIV

Suben con claridad,
al abrir los ojos, las gotas de lluvia
que llevan en sus palmas un nombre.
Insisto con mi piel desnuda
que soy ese pez terco,
obstinado al olor de tu pecho,
a tus pestañas estrelladas,
a los juegos verbales
guardados en los recuerdos.
Sube el susurro de la noche
sobre tus ojos verdes,
cual inicio de un remolino
que purifica nuestro cuerpo.
Se abre la fuerza de la palabra
sobre el surco de la lengua
para escupir letras con huesos.
«¡Adiós!», dice la noche,
«adiós», con su voz casi moribunda
en la danza de los espejos.

XV

Estoy impregnada
hasta la más pequeña de las partículas
en esta soledad,
en este desierto
con arena de plomo.
Llevan mis venas
la sed de los versos,
de las piedras,
la ansiedad insaciable
de un beso.
Tal vez no deba pensar
y detener mis pasos
sobre los higos
en el suelo.
Quizás es tiempo de dormir,
formulando un secreto
en los quejidos que llegan en las aguas.
Estoy aquí,
soy serpiente,
pluma,
barro,
vaina del rayo.
Estoy aquí.

XVI

«Búscame», te he dicho,
clavada en el rumor
del costado izquierdo
de una tarde de mayo.
No dejes que me pierda
en este olvido que me mata,
que me vence, sellando mis labios.
«Búscame», te he pedido,
en los pétalos de cada flor
que nace para morir en el otoño;
en el ruido de las calles
con su dolor de espalda
y rodillas enfermas;
en la mirada tierna
que se pierde tras los tableros
anunciando un perfume.
Búscame en el alboroto de tu cama,
entre tus gritos privados
cuando te muerdes los labios
por el deseo de una madrugada.
Búscame, aunque no me encuentre
ni yo misma,
y haya olvidado mi nombre.

XVII

Llega noviembre
con otro lenguaje,
y sus palabras
proporcionadas
no traen con ellas
el amor.
Veo mis manos
con la bandada de pájaros
a la orilla del mar,
con sus gestos
definitivamente helados.
Siento el aire extraño
que se ha colado por mi ventana
sin el color primaveral de tus ojos
tendido sobre la cama.
Siento la agonía del verso
herido como un perro.
Hoy, quiero lo que no quieres,
soy lo que no buscas
y sacio mi sed en la fuente estancada
en las preñeces del jardín.

XVIII

A veces se me olvida
que está ahí
el verde violento
del deseo por ir
hacia el fin del mundo.
A la isla que detiene
en sus palmas
la huella de tu sonrisa,
el baile de tu voz
con el oso blanco.
Hay momentos
que me veo
en un viejo castillo
rodeada de hambre
y de miedo,
que se asoma
por todas partes
rompiendo las cadenas
de las estrellas,
que hicieron su nido
en mi tobillo izquierdo.

XIX

Como las voces lejanas,
los recuerdos cargan sus sombras
en sacos rotos.
Estoy en una ciudad
que no conoce de nombres,
de apodos cariñosos
y solemnes,
que llevan puestos los niños
como estampas en la frente.
No, no conocen
de los ruidos que hacen los árboles
al terminarse la primavera,
y su color de esmeralda
se desnuda frente al río
con la desesperada sed de las ramas.
«Ven»,
te susurro entre el silencio
de la noche.
Ven
y pasea tu mano
suavemente por el camino
que nos lleva
a la ausencia poblada
en la punta de mis dedos.

XX

Te admiro
desde este lado
bajo la niebla,
con el aburrimiento de la noche
y sus fantasmas.
He visto tu figura
moverse desde este lado
del espejo, del vidrio,
que nos divide
con su traje azul.
Me persigue una insaciable sed
en el tambor de la lluvia
y soy ese animal herido
con su boca cosida
que no espera otra cosa,
que no busca otra cosa
más que una ventana,
con sus adornos verdes,
en donde te pueda seguir mirando.

XXI

Siguen dando vuelta las ruedas
al ritmo de soles luminosos.
Busco redención cuando nace la tarde,
cuando el silencio de la casa me toma
de la mano en un murmullo sin conciencia.
En la locura que me rodea a las tres
de la madrugada, intento que salga la palabra
desde el lago de mis venas con sus ojos ciegos,
algo que deje una huella sobre esta cama,
que borre las lágrimas que me inundan
cuando la vida me aburre, y se esconde
en la piel de elástico con sus recuerdos.
Busco no recordar nada, ni que me recuerden,
quiero ser el borrón en algún cuaderno.
Quiero aparecer en la página de un poeta
que escriba lo que siento cuando llueve,
porque el agua de un viejo mar me llama,
me busca y deseo descansar sobre su pecho.
No me lleves al mar y, si lo haces, no me sueltes.
Existe un vacío en el hueco de mis manos,
las exprimo para ahogar las voces del mundo
cuando he perdido los aretes que me regalaste
el primer domingo.

XXII

Era entre esas paredes,
como si fuese un lugar predestinado por la hierba
que crece entre las lilas,
donde descubrí la cara
del agua, de las hojas y naranjas,
desde la profundidad del espejo y el deseo.
Fue ahí, junto al águila y el tigre,
que descubrimos las madrugadas alucinadas,
las horas con su misterio complejo,
la duda pálida con color a sangre.
Sé que estás ahí,
en las paredes de esa cabaña,
en el olor de las piedras
con sus ojos infantes mirando
detrás de las sombras.
Sé que estás ahí y no te has ido,
que sigues meciendo el viento
entre tus manos y el pelo.
Y yo, en la quietud
del verso indecente, te sigo buscando.

XXIII

Sostienes mi voz
en la punta de tu dedo derecho
cuando duermo boca abajo,
mirando hacia el sótano de la casa
entre la rendija de las tablas.
Ahí veo las facturas de la inocencia
dobladas en sobres color naranja.
Conocí a una mujer
con necesidad de tormentas,
de las que nunca llenan la conciencia.
«Todo tiene un precio», susurró a mi costado,
«hasta los besos del bosque».
Cuando despierto,
abro el cofre con tus cartas,
las que cruzaron el Atlántico,
muchas veces en barcos sin piernas
y, sin embargo, al leerlas,
me acarician, como la primera vez.

XXIV

También desde este lado
recuerdo los colores del viento
e invento la palabra exacta que no lastime.
Sé que me estremece su mirada altiva,
pedante cuando sale del anonimato.
Sé de los cien poetas que arrastran colchas
tocando tierra y polvo, casi como tumbas.
Recuerdo tus ojos de bosque cuando tengo miedo.
Espero que pase el momento y vuelo,
suelto mis alas hacia el sur de tu cuello y vuelo.
Tengo dos monedas en mi cartera,
rica me siento porque estoy frente al mar.
Intento pronunciar tu nombre,
sé que todo es pasajero porque no estás.
Anoche tuve un sueño:
venías sobre palomas blancas,
tocabas la espalda de la noche con asombro
y reías alegre con la luna, el sol y las estrellas.
Eras parte de ellos, vitrina de adornos mágicos.
Me inunda la alegría en esos sueños
e intento nunca despertar.

XXV

Las piedras se cuelgan
desde la luna redonda,
cuando toda la alcoba sufre
en esta luz, que no es luz,
sino sombra desatada aprisa.
Veo tu rostro doblado,
tus manos vacantes
y mi alma tiembla
al sentirte venir por esa luz,
que nos es luz,
sino el color verde en la pared.
Poco sé de dichas
y mucho menos de letras,
pero sé de tu voz
columpiándose
al borde de un abismo;
sé de tu cuerpo
cuando se curva entre la niebla
por la madrugada
y sé del olor de tus labios
como un jardín de rosas dormidas.
También sé de tu ombligo
con el sabor de tierra mojada.

XXVI

No estás sobre el cuerpo del agua
entrelazado en una noche con gritos.
No estás en la punta de mis dedos,
en la fascinación silenciosa de las campanas.
Ven, desenlázame de estas raíces
del árbol toro, en el patio del hotel
con abanicos en sus ojos. ¡No tardes!
La tarea de abandonar los ladrillos
es trabajo de otros y no de tu lengua.
El génesis del río chupa mis cenizas.
¡Mírame! Soy el polvo de las sombras,
de las horas infantes. ¡Mírame! Sigo
dormida en la blonda cabellera de la brisa.
El cielo, el cielo impuro con sus alas
cubre mi cuerpo y me esconde
del vicio del reproche y del encierro.
¡Ven! Puebla esta ciudad deshabitada
que murmura mi historia y mi secreto.

XXVII

Antes que la piel
sea el fastidio de la piedra,
estoy sentada
con los ojos cerrados
y la lluvia vuela sobre mi cabeza
con sus alas de pena.
Siento el vacío
en las horas milagrosas
que ya no regresan,
estoy sentada
en esta casa que ya no siente,
como un animal lanzado
en su agónico llanto
en las palabras inciertas.
Desnuda, sentada,
en la fiebre del olvido,
busco la imagen
ahogada en el reflejo,
en la aparición de un cuerpo,
de un nombre, de una presencia.
Y con el tiempo infante
en mis manos,
bebo de la noche
la lascivia de la luz en el exilio.

XXVIII

¿En qué lugar me espera tu nombre,
el que invento en los días de lluvia
cuando el hambre
llega hasta las rodillas,
y el temor
disfruto como postre?
Vuelan mis ansias
a la par de un pájaro negro,
al lado mudo, exigente de un hueco.

Dime:

«¿En qué lugar busco tus huellas
ausentes de mi cuerpo?».

La oscuridad de este cuarto es grande,
tan grande que me hace pequeña,
que me vierte hacia el delirio y el baile
de la soledad,
de la medianoche última.
Eres el silencio de la quincena del rezo
atorado en la garganta,
de la ceremonia
con perfume de muertos.

Desnudo mi pena,
desnudo la noche,
desnudo mi vergüenza
y orfandad.

Te busco en el rostro pálido del tiempo,
en las figuras difusas
con sus peces nocturnos,
en la estación permanente
de tu voz.

XXIX

Los soles rastreros que se fusionan con tu mirada
son presas vagabundas buscando fortuna.
Son incendios, pisadas de la noche en tu voz de trueno;
respiras
las aguas saladas del contorno, y los otoños en tus ojos
se tornan eternos, sin memoria, sin dolores, remotos,
refugios en las horas que no hablan, figuras ocultas.
Me desahogo
en tus pestañas cargadas de paisajes,
y entre las gotas de barro de tus dedos.
No hay tormenta demasiado tarde en tus lomos,
ni en las palabras simples acantiladas en el mar.

XXX

No perdí mi nombre cuando cantó el gallo,
otra fue la nostalgia en mi pecho.
Caballero de hierro, en tu reloj de arena,
he de ser la ceniza y tinieblas
en el recuerdo de las noches de lluvia;
debo mi vida a la palabra escrita:
esa ráfaga de polvo y tiempo.

Llueve en las tardes, ocaso y condena.
Llueve en la cicatriz del corazón y el alma;
una vez amé el calor de los días soleados
y vuelvo ahora al olor de tierra mojada.
Impenetrable es mi angustia como la piedra.
Aquí otra vez he sido, y soy, la hija del viento.

Sobre la autora

Guadalupe Cisneros Villa (Monterrey, Nuevo León, México, 1962) reside en Estados Unidos desde los ocho años. Orgullosa de su gentilicio mexicano, ha desarrollado su obra poética, en su mayor parte inédita, empleando el idioma español como tributo a su lengua originaria.

En 2021 publica el libro *Antes que nos borremos* (Amazon) y en 2022 *Estación de Cercanías* con el poeta José María Ysmer Palazuelos (ExLibric) y *Muros de Papel* (Amazon). Algunos de sus poemas han aparecido en antologías, como *I Antología de Mundopoesía: Poética Clásica, Deshojando Sueños, Desde la Azotea, Versos Compartidos, Poesía Circular* y *Uniendo Culturas*, al igual que en la revista *Luna y Sol* y en la revista virtual *Eco y Latido y Migospecta*.

En 2017 obtuvo primeros lugares en los concursos Gerald McDaniel, en la categoría de relato corto, y Ona Roberts Wright Literary Excellence, ambos de la casa de estudios universitarios

North Central Texas College. Es maestra Montessori de profesión. Tiene una licenciatura en Ciencias en Desarrollo Infantil de Texas Woman's University y una maestría en Teología de Texas University of Theology.

RAINY NIGHTS

This book is dedicated to a woman,
poet and writer,
who with her courage has been an example
for many of us:
Lila Manrique Preciado

Acknowledgments

I am grateful to the Nicaraguan architect and poet Danilo López, who gave me the edition of my first book of poetry and opened the way for me to the world of writing.

I also can't overlook the people sharing their knowledge and support: Lic. Raymundo Escobedo Luna (Mexico), the poet Alaric Guadalupe Gutiérrez Perea (Mexico), the teacher José Luis Ortiz Berenguer (Spain) and the poet Manuel Bast (Venezuela)

To José María Ysmer Palazuelos, poet (España), for his tireless work and support in developing this book and writing the prologue.

Thanks to everyone who reads my work on social media and poetry forums.

Foreword

They loved each other.
They suffered from the light, blue lips at dawn,
lips coming out of the hard night,
split lips, blood, blood where?
They loved each other in a ship bed,
half night, half light.

These verses are from the poem "They loved each other" from the book *La destrucción o el amor* by Vicente Aleixandre. I want to start the prologue of this new collection of poems from Guadalupe Cisneros Villa's, *Rainy Nights*. I do it this way because I would like to highlight that half night and a half light that so abounds in his verses, that apparent contradiction that his words ooze, and that makes it necessary to change, not excluding, the title of Aleixandre's book. In Guadalupe Cisneros Villa's case, destruction does not contradict love because somehow it is necessary to destroy the self that we went before, to LOVE in a whole new way.

Guadalupe Cisneros Villa's poetry, drinks from the lights and shadows, from the cry tore many times and silence, by Alejandra Pizarnik and Gioconda Belli. Without them and the voice they left us in their verses, the poetry of Guadalupe Cisneros Villa would have been quite another. For this reason, due to that strange similarity that the word confers on us, death and darkness are also present; but not understood as an end but as the necessary process to reach life and dawn again, but not before suffering. Crucified many times at the feet of the moon, with fear in the early morning, with thorns, in a desert with lead sand where it is difficult to walk, all these are very palpable samples of that suffering that the poet lives. Cisneros Villa's poetry has a lot of that loneliness that she talks about many times. Alejandra Pizarnik and thus says: "I come from a loneliness that is only mine", words that emphasize even more that feeling from which you want to flee, from which you want to get away in a deluge of colors that begins to meet. That deluge, that rain, is for Guadalupe to be reborn again, is love, sometimes sensual, that Gioconda Belli mentions in her poetry. Rain is, therefore, that union established by two elements, water, and earth, two bodies needed to reach the green, that sound and smell together, that pour one over the other, all their essences flowing like a river.

In Cisneros Villa's poems, that water appears as a regenerative element. Thus she says: You contain yourself in the form of water, or, for example, only the word lives in the humidity of time that coils in the womb of rainy nights, or, there are moments moist that keep me company, or more clearly, it rises with clarity when opening the eyes the raindrops that carry a name in their palms.

The rain is that loved one that is expected throughout time. From the days of the week and months of the year to which the author alludes on countless occasions in all her poetry. Time is waiting, the desire to be found and the search ends happily: In the commotion of your bed, between your private cries, when you bite your lips for the passion of an early morning. Find me when I can't find myself and forget my name. As has already been said, the meeting requires destruction, ceasing to be what one was to meet in the other. One loses his name, the one from before that no longer works because life has changed. Death has ended, but throughout this process of change, of searching for the other and oneself, there is fear, and she says: let's talk about fear at three in the morning, holding birds between cypresses and olive trees. When she says, fear that this debt that the past collects from us is too hard, not being able to get out of that old castle surrounded by hunger, under the fog, with the boredom of the night and its ghosts, with their mouths sewn so many times. Despite that fear of losing what you love most, the hope persists in that window with its green decorations, where I can follow you looking and, in those letters, those who crossed the Atlantic many times in ships without legs and yet, when reading them they caress me, like the first time. Guadalupe Cisneros Villa often feels the reality of love as a dream she does not want to wake up: I cling to the idea of red dreams that do not know how to have children and their lemon-scented pillows. With you, I am the grinding of the bed, towards the dream path of your eyes, in the murmur of the waters. I feel joyful in those dreams and try never to wake up.

That new reality until now is glimpsed in her poetry, so different from the one lived until then; it entails a disorder of ideas. The restlessness of the soul, a doubt dying, a still difficult farewell to that previous life, to that house with its doors asleep, with their windows waving handkerchiefs. But going back is already impossible; the absence of the loved one supposes such an intense pain; when he is not present, Guadalupe feels the agony of the wounded verse like a dog. A void in the hollow of my hands. This desert with lead sand. That distance brings to her poems a deep melancholy from which she only manages to get out thanks to a violent green, the desire to go to the end of the world. Guadalupe Cisneros Villa, like Gioconda Belli, is proud, despite all her suffering and limitations, of her condition as a woman, reaffirming herself in these verses: I was born a woman. I am not a butterfly, nor a spider, but a vagina and a belly installed in its proper place. Therefore, she is not a beautiful and fragile being, nor a harmful being; she is simply a woman who demands to be able to decide her fate for herself.

Guadalupe Cisneros Villa's collection of poems, *Rainy Nights*, brings together a whole amalgamation of emotions. These poems make us feel what she feels; with that enormous desire to face the fears that still do not disappear, impenetrable is my anguish like the stone, here again, I have been and am the daughter of the wind; and live love without restrictions, without no blame, free. The heart lives where the mouth knows what it wants us to know. With the latter verses of the poet, I finish my prologue. Follow her example; go where the heart takes you happily reading these *Rainy Nights* full of life.

José María Ysmer Palazuelos

I

You contain yourself
in the form of water.
Water that does not escape
my fingers.
I look at you
in the tenderness
of the night with promises
before making my trip
to your chest.
You hold back,
greed is brewing
whenever I wake up
next to a hole
in my bed.

II

If I was
the echo of your voice
shaken by the wind,
repeated in your language
in the soft touch of your tongue,
between the imprecise time
with short little feet,
like stardust.
I would be entangled
in your hair like a canvas
where I would live hidden.

III

The sea roars, that indomitable monster,
attractive and fatal, in unanimous anguish.
Growing in the dark certain ambiguous verses
arise from the shadows.

The noise of memories bore me,
holding hands like relics
on the street, pale and overflowing,
like my own thirst that haunts me.

I would give anything to get inside
towards that impossible folly of being,
of the limitless craving empty and black,
in a motionless background where everything is obsolete.

I see a left-handed, stubborn Tuesday arrive,
thrown from a slender branch, poor thing.
Today I have to be the cloud that goes up the stairs
in an irregular and serene compass.

IV

The morning spreads its weight like an olive
on my bed, and everything is so absurd
like this October that fills my eyes;
of questions, of nuances, of infinite doubts
pinned to yesterday in vulgar places.
I come from a loneliness that is only mine.
There is haste in the deluge of colors;
a braided cry, a voice with perfume
falls from the hands of a god
to embrace a dream that was about to die.
How many times have I been another time,
another way,
a destiny crucified at the feet of the moon.

V

Such is life like this hour
adolescent and strange, inefficient,
I feel my pulse tear
and the house trembles and sighs
like a dream that repeats itself briefly,
sadly, lost in its corridors
chasing the melancholy illusions;
however, between the immense night
a voice, which is my voice, condemns her.
I lean into her blue reflection
from my guillotined letters, I suffer
like her in this disorder of ideas;
within the restlessness of the soul,
the heart lives where the mouth
knows what it wants and lets us know
it's the place where the void covers the sun.
In the distance, I see the house with its sleeping doors;
its windows waving handkerchiefs,
blessed be the inherited madness,
a grimace of this dying doubt.

VI

But I am the one who wakes,
I see
the color of the names
spat unto my hands,
children with cravings
and the flowers when they discover
fear, let's talk about fear,
at three in the morning,
holding birds
between cypress and olive trees
the secret that is invented
cardboard memory
who charges us a debt
in the photos, archived, from the past
that was not ours, but
torments us for no reason
with her sentence of sadness.
So, I bless the blind
because of the joy of not seeing
what I do not want or desire.

VII

Go slower
where no one expects
don't say words
when the wind blows
and the pines listen
to the whisper of the forest
when the creek is dying
with the look,
of a smile,
of the swallow
who sleeps in the branches.
The sour pleasure
that the wind stirred
is getting lost
a pilgrim drops
and I get lost
in the lead of the sky.

VIII

They were the wings
in the innocence of spring,
there is no breeze in October
that shakes the body
of the white butterflies
in the perfume of daisies.
Nor the waves of the sea
are the eyes of the world.
Just live the word
in the humidity of time;
that coils in the belly
of the rainy nights,
that lulls in the chest,
and hangs down to my knees
to die in pleasure
—in sweet ecstasy—
of the murmur of silence.

IX

An animal is destroyed
with his crystal tongue
in the skirts of the hours.
in writing words
that were not mine, nor of my body,
the secret sigh appears again
between the curtains of a scene.
That word hits my soul
lived in the fist of the night;
that wish that was not fulfilled
makes roots between your fingers.
And you make the stones caress them
on dusty days.
An animal is destroyed,
in the mirror when they close
the eyes of the afternoon.
I tear myself apart in the images
of ripe wounds
and the taste of time.

X

It's true there is no one
behind that photograph
in black and white.
They are buried looks
in a young well
freshly dug by the shadows.
I don't know what to call this (feeling of) regret
that invades my body when October weighs,
when I invent that this happiness exists
written on the wall
but I can't even do that
because the words are already written
the feelings,
the wishes,
the naked tears
that you wrote for another sigh
that it does not matter to say the name.
So, I draw on the floor
the look of the sea
in the space of nostalgia
that surprises me.

XI

The street always
has something to say
but I try not to listen to their cries.
The city devours the houses
with sugar plumb windows,
with storms and seeds.
I was born a woman.
I'm not a butterfly
nor a spider,
but a vagina
and a womb installed
in its proper place.
Uncertainty returns
to circulate like a serpent,
So, I hate recycled words
love verses
(and) I cling to the idea
of red dreams
that do not procreate,
on its lemon-scented pillows.

XII

From today,
the farce of time,
the flickering light,
pleasure and pain
drag casters
from the back.
With you I am
the creaking of the bed
towards the dream path
of your eyes,
in the murmur of the waters.
Maybe it can
walk around the square
without having memory,
without fearing the silence
of the light on your shoulders.
Maybe there is no answer
on the edge of the cards
and the leaves
that fall from the branches
on a Wednesday with thorns.

XIII

There are humid moments
that keep me company
and they peek
between the doors and corridors
from the house.
The world does not exist
in the dry herbs
and glasses with sugar water.
I feel it tear
the word
in the cries of man
who furrows his forehead
and he stretches out his arms
waving the wind
with his handkerchiefs.
My human presence is interrupted
standing on this corner,
I'm waiting,
winter hours
who bring the lost letter,
with everything I loved
of the summer
entangled in a kiss.

XIV

The raindrops,
rise clearly when they open their eyes,
those who carry a name on their palms.
I insist with my bare skin
that I am that stubborn fish,
obstinate to the smell of your chest,
to your starry eyelashes,
to the verbal games
saved in the memories.
Rises the whisper of the night
on your green eyes
which start of a whirlpool
that purifies our body.
The force of the word opens
on the groove of the tongue
to spit letters with bones.
"Goodbye!", says the night,
"goodbye", with his almost dying voice
in the mirror dance.

XV

I am impregnated
even the smallest of particles
in this solitude,
in this desert
with lead sand.
They carry my veins
the thirst of the verses,
of the stones,
insatiable anxiety
of a kiss
maybe I shouldn't think
and stop my steps
about the figs
on the floor.
Maybe it's time to sleep
formulating a secret
in the groans that come in the waters.
I'm here,
I am snake,
pen,
mud,
lightning pod.
I'm here.

XVI

"Look for me", I told you:
stuck in the rumor
left side
of an afternoon in May.
don't let me lose
in this oblivion that kills me,
that defeats me, sealing my lips.
"Look for me", I have asked you
in the petals of each flower
that is born to die in the autumn,
in the noise of the streets
with your back pain
and sore knees
in the tender look
that is lost behind the boards
advertising a fragrance
Look for me in the commotion of your bed,
between your private cries
when you bite your lips
for the desire of an early morning.
Look for me, even if you can't find me
nor myself
and I have forgotten my name.

XVII

November is coming
with another language
and its words
(do not) provided
they do not bring with them
love.
I see my hands
with the flock of birds
at the sea's shore
with their gestures
definitely ice cream.
I feel the strange air
that has slipped through my window
without the spring color of your eyes
lying on the bed.
I feel the agony of the verse
hurt like a dog
Today, I want, what you don't want,
I am, what you are not looking for
and I quench my thirst in the stagnant fountain
in the pregnancies of the garden.

XVIII

Sometimes I forget
that she is there
the violent green
of the desire to go
to the end of the world.
To the island that stops
in your palms
the trace of your smile,
the dance of your voice
with the white bear
There are moments
what do I look like
in an old castle
surrounded by hunger
and scared,
that appears
all over
breaking the chains
of the stars,
who made their nest
on my left ankle.

XIX

Like the distant voices,
memories carry their shadows
in broken bags
I'm in a city
who does not know names,
of affectionate nicknames
and solemn,
what the kids are wearing
like stamps on the forehead.
No, they don't know
of the noises that the trees make
at the end of spring
and its emerald color
gets naked in front of the river
with the desperate thirst of the branches.
"Come",
I whisper to you in the silence
of the night.
Come,
and walk your hand
gently down the road
that takes us
to the populated absence
at my fingertips.

XX

I admire you
from this side
under the mist,
with the boredom of the night
and her ghosts.
I have seen your figure
move from this side
of the mirror, of the glass,
that divides us
with her blue suit.
An insatiable thirst pursues me
in the drum of rain
and I am that wounded animal
with his mouth sewn
that does not expect anything else,
not looking for anything else
more than a window
with its green ornaments,
where I can keep looking at you.

XXI

The wheels keep turning
to the rhythm of luminous suns.
I look for redemption when the afternoon is born
when the silence of the house takes me
hand in hand in a murmur without conscience.
In the madness that surrounds me at three
at dawn, I try to get the word out
from the lake of my veins with his blind eyes,
something that leaves a mark on this bed,
to erase the tears that flood me
when life bores me, and hides
in elastic skin with memories of her.
I try not to remember anything, nor to be remembered,
I want to be the blur in some notebook.
I want to appear on the page of a poet
to write what I feel when it rains,
because the water of an old sea calls me,
He seeks me and I want to rest on his chest.
Don't take me to the sea and if you do, don't let me go.
There is an emptiness in the hollow of my hands,
I squeeze them to drown out the voices of the world
when I lost the earrings you gave me
the first Sunday.

XXII

It was between those walls,
as if it were a place fated by the grass
that grows among the lilacs,
where I discovered the face
of water, of leaves and oranges,
from the depth of the mirror and desire.
It was there, next to the eagle and the tiger,
that we discover hallucinated dawns,
the hours with their complex mystery,
Doubt pale with the color of blood.
I know you are there,
on the walls of that cabin,
in the smell of stones
with their infant eyes looking
behind the shadows
I know you're there and you haven't left
that you keep rocking the wind
between your hands and hair,
and I, in the stillness
of the indecent verse, I keep looking for you.

XXIII

You hold my voice
on the tip of your right finger
when I sleep face down,
looking into the basement of the house
between the cracks in the boards.
There I see the bills of innocence
folded in orange envelopes.
I met a woman
in need of storms,
of those that never fill the conscience.
"Everything has a price", she whispered to my side,
"even the kisses of the forest".
When I wake up,
I open the chest with your letters,
those who crossed the Atlantic
many times in boats without legs,
and yet, when reading them,
they caress me, like the first time.

XXIV

Also from this side
I remember the colors of the wind
and I invent the exact word that doesn't hurt.
I know that his gaze shakes me haughty,
pedantic when she leaves the anonymity.
I know of the hundred poets who drag bedspreads
Touching dirt and dust, almost like graves.
I remember your forest eyes when I'm afraid.
I hope the moment passes and I fly,
I release my wings to the south of your neck and fly.
I have two coins in my wallet,
I feel rich because I am in front of the sea.
I try to pronounce your name
I know that everything is fleeting because you are not here.
Last night I had a dream:
you came on white doves,
you touched the back of the night in wonder
and you laughed happily with the moon, the sun and the stars,
you were part of them, showcase of magical ornaments.
I am flooded with joy in those dreams
and I try never to wake up.

XXV

The stones are hung
from the rounded moon,
when the whole bedroom suffers
in this light that is not light
but a shadow unleashed hastily.
I see your face bent,
your vacant hands
and my soul trembles
when I feel you coming for that
light, which is not light, but
the green color on the wall.
I know little of happiness
and much less of letters,
but
I know your voice
swinging
on the edge of an abyss,
I know about your body
when it bends through the mist
in the early morning
and I know the smell of your lips
like a garden of sleeping roses,
I also know about your belly button
with the taste of wet earth.

XXVI

You are not over the body of water
intertwined in a night with screams.
You're not at my fingertips
in the silent fascination of the bells.
Come untie me from these roots
of the bull tree, in the patio of the hotel
with fans in their eyes. Don't be late!
The task of abandoning the bricks
It is the work of others and not of your language.
The genesis of the river sucks my ashes,
Look at me! I am the dust of the shadows
of infant hours, look at me! I follow
asleep in the blonde hair of the breeze.
The sky, the impure sky with its wings
covers my body and hides me
from the vice of reproach and confinement.
Come! populate this uninhabited city
that whispers my story and my secret.

XVII

Before the skin
becomes the nuisance of the stone,
I'm sitting
with my eyes closed
and the rain flies over my head
with its wings of sorrow.
I feel the emptiness
in the miraculous hours
that no longer return,
I'm sitting
in this house that no longer feels,
like a released animal
in her agony, crying
in uncertain words.
naked, seated,
in the fever of oblivion,
I look for the image
drowned in reflection
in the appearance of a body,
of a name, of a presence.
and with time infant
in my hands
drink of the night
the lust of light in exile.

XXVIII

Where does your name await me,
the one I invented on rainy days
when the hunger
reaches the knees,
and fear
is enjoyed as dessert?
My desires fly
next to a blackbird,
next to the mute, demanding a hole.

Tell me:

"Where do I look for your footprints
absent from my body?"

The darkness of this room is great,
so big it makes me small
that draws me towards delirium and dance
loneliness,
last midnight.
You are the silence of the fortnight prayer
stuck in the throat,
the ceremony
the perfume of the dead

I bare my sorrow,
naked is the night,
bare my shame
and orphanhood.

I look for you in the pale face of time,
in the diffuse figures
with its nocturnal fish,
at the permanent station
of your voice

XXIX

The creeping suns that merge with your gaze,
are wandering prey seeking their fortune.
They are fires, footsteps of the night in your voice of thunder;
you breathe
the salty waters of the contour, and the autumns in your eyes
become eternal, without memory, without pain, remote,
shelters in the hours that do not speak, hidden figures.
I let off steam
in your tabs loaded with landscapes,
and between the drops of mud on your fingers,
no storm too late on your loins,
nor in the simple words cliffs in the sea.

XXX

I did not lose my name when the rooster crowed,
another was the nostalgia in my chest.
Iron knight, in your hourglass,
I must be the ash and darkness
in the memory of rainy nights;
I owe my life to the written word:
that blast of dust and time.

It rains in the afternoons, sunset and condemnation,
it rains on the scar of the heart and soul;
I once loved the warmth of sunny days
and now I return to the smell of wet earth.
Impenetrable is my anguish like stone.
Here again I have been, and I am, the daughter of the wind.

About the author

Guadalupe Cisneros Villa (Monterrey, Nuevo León, Mexico, 1962) has lived in the United States since she was eight years old. Proud of her Mexican heritage, she has developed her poetic work mostly in Spanish as a tribute to her native language.

In 2021 she published the book *Antes que nos borremos* (Amazon), and in 2022 *Estación de Cercanías* with the poet José María Ysmer Palazuelos (ExLibric) and *Muros de Papel* (Amazon). Some of her poems have appeared in anthologies, such as the *I Antología de Mundopoesía: Poesías Clásicas, Deshojando Sueños, Desde la Azotea, Versos Compartidos, Poesía Circular y Uniendo Culturas* and in the magazine *Luna y Sol* and virtual magazine *Eco y Latido and Migospecta*.

In 2017 she obtained first places in the Gerald McDaniel short story category, and Ona Roberts Wright Literary Excellence, both from North Central Texas College. She is a Montessori teacher by profession and has a Bachelor of Science in Child Development From Texas Woman's University and an M.D. from the Texas University of Theology.

Índice